Contraste insuffisant
NF Z 43-120-14

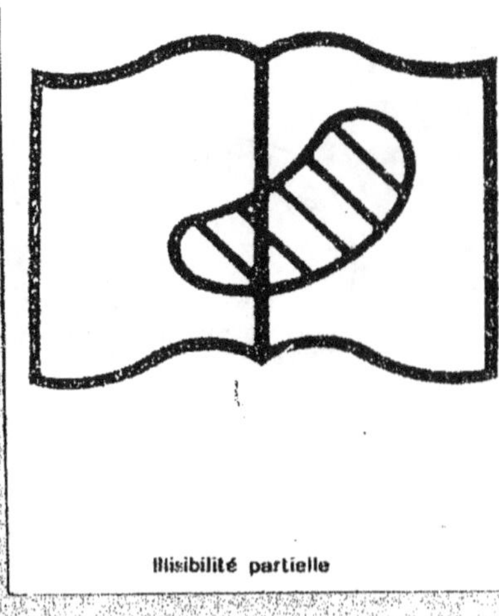

Illisibilité partielle

Valable pour tout ou partie
du document reproduit

JEAN THEUREL

1699 – 1807

LES PORTRAITS D'UN FUSILIER CENTENAIRE

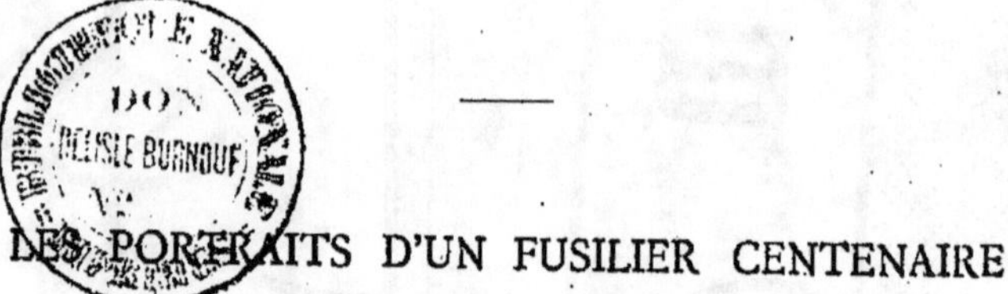

XXV AOUT M DCCC LXXXI

TOURS

TYP. ROUILLÉ-LADEVÈZE

Couverture inférieure manquante

A Monsieur L. Delisle,
Membre de l'Institut
Hommage respectueux
                    J. Delaville Le Roulx

A Monsieur L. Delisle,
Membre de l'Institut
Hommage respectueux
                    J. Delaville Le Roulx

JEAN THEUREL

JEAN THEUREL

—

1699 – 1807

LES PORTRAITS D'UN FUSILIER CENTENAIRE

XXV AOUT M DCCC LXXXI

TOURS

TYP. ROUILLÉ-LADEVÈZE

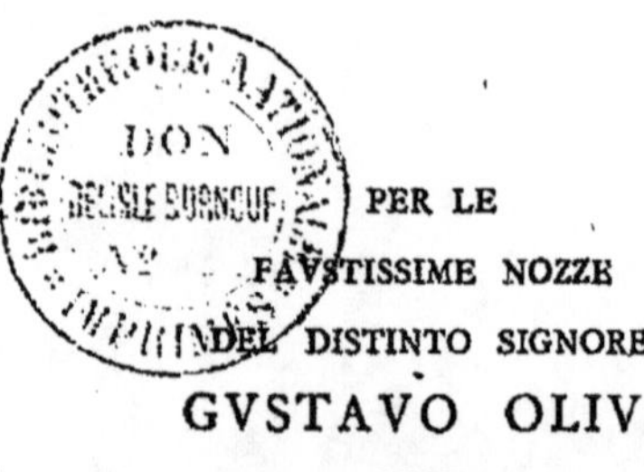

PER LE

FAVSTISSIME NOZZE

DEL DISTINTO SIGNORE

GVSTAVO OLIVE

COLLA

GENTILISSIMA SIGNORA

MARGHERITA CAVASSE

IN SEGNO DELLA PIV TENERA

ED INALTERABILE AMICIZIA

OFFRE

L'AVTORE ED AMICO

J. D. L. R.

LES petits cadeaux entretiennent l'amitié, quelquefois aussi les gros, à en juger par ceux qui s'amoncellent dans votre corbeille de mariage. On les dit destinés à cimenter votre amour, — ce ciment-là me semble bien superflu.

Moi, j'aime les petits cadeaux. Est-ce pour donner raison au proverbe ? Est-ce pour ne pas éclipser ceux qui sont ou se croient obligés d'éblouir leur prochain au défilé traditionnel devant les objets mobiliers — luxueux ou intimes, — du futur ménage ? Je ne sais ; un petit cadeau, un simple souvenir, voilà ce qui convient à une vieille amitié comme la mienne. Peu m'importe que mon affection soit jaugée au volume de mon envoi, ou pesée avec la balance dont se servira l'orfèvre ou le joaillier pour établir le mémoire que je paierai demain ; elle existe, elle ne cherche pas l'éclat du grand jour. Un petit souvenir, — avec une bonne poignée de main au moment solennel, — c'est tout ce qu'il lui faut.

Ceci posé, la difficulté commence, ou plutôt la chasse au souvenir ! Sera-ce une épingle de cravate, un couteau à papier, un porte-plume, un porte-bonheur ? Banal, tout est banal, quoique ce dernier présent ait quelque à-propos dans la circonstance. — Ceci est prétentieux, cela est commun ; cet objet n'est pas au goût de celui-ci ; cet autre serait mal interprété par celle-là... Rien n'est bien. — Mais voici qu'enfin, après mille tortures, une inspiration de génie se fait jour ; aussitôt de s'informer, de faire le siège de gens décidés à rester impénétrables, et, en fin de compte, d'obtenir la certitude qu'au jour du contrat s'aligneront dans la corbeille une demi-douzaine de ces inspirations de génie, — sans compter la sienne.

A quoi bon se torturer ainsi la cervelle ? Un souvenir vaut-il tant de tracas ? Non, sans doute ; je n'ai pas fait de la sorte. J'aurais pu composer un sonnet, malheureusement la Faculté me défend la poésie. C'est alors que je me suis souvenu qu'en pareille occurrence nos voisins d'Italie ne dédaignaient pas la prose, et se plaisaient à dérober à leurs travaux le temps d'écrire quelques pages en l'honneur des futurs époux. Mon souvenir était trouvé ; c'était parfait.

Idée bizarre, direz-vous. J'en conviens, mais idée nouvelle en Touraine, capable de tenter un vieil érudit comme moi. Sans compter le chef-d'œuvre qu'elle ne manquera pas d'enfanter, ne personnifie-t-elle pas le souvenir, ce je ne sais quoi qui ne vaut que par le sentiment qu'on y attache, et que l'inspiration, guidée par le cœur, crée, métamorphose ou détruit au gré de ses caprices.

Voilà l'origine des pages recueillies ici. L'amitié les a dictées ; pouvait-elle, en rappelant la vie du vieux grenadier, oublier ceux pour lesquels elle l'écrivait ? Les rapprochements sont faciles quand le cœur a parlé. Rien d'étonnant que la vie de Theurel, modèle de discipline, d'honneur et de loyaux services, continués sans interruption durant quatre-vingt-douze ans, — existence toute pleine d'une modeste grandeur, — m'en ait suggéré de plus d'une sorte, exemples ou espérances... Je n'ai retenu que ces dernières. Elles ont été le plaisir et la récompense de mon labeur.

Profond amour conjugal, santé inaltérable, longévité exceptionnelle, dignité du foyer domestique : voilà ce qui m'a frappé dans la vie de Theurel. Escomptant l'avenir, mon imagination a retrouvé tous ces bonheurs dans votre futur ménage ; puisse l'événement lui donner raison. Voilà le vœu que je forme — avec quelle ardeur d'affection vous le savez ; voici maintenant ma prière : quand, semblables au bonhomme et à la bonne femme Theurel, vous aurez atteint vos quatre-vingts printemps, je vous en conjure, allez chez le photographe, et faites hommage de vos traits, devenus, grâce à lui, immortels, au Cabinet des Estampes de la Bibliothèque....., de la rue Richelieu. Que de peines vous épargnerez à vos petits-neveux ; croyez-en celui qui a cherché à honorer le doyen des soldats de l'Europe.

J. Delaville Le Roulx.

LES PORTRAITS

DE

JEAN THEUREL

Il ne nous appartient pas de retracer ici la vie de Jean Theurel; d'autres l'ont fait avant nous, et nous ne saurions rien ajouter à ce qu'ils ont dit (1). Aussi bien serait-ce nous éloigner du but spécial que nous nous sommes assigné. Qu'il nous suffise de rappeler, en peu de mots, les traits principaux d'une existence, dont la longue et paisible dignité eut le rare privilège d'attirer l'attention et l'admiration publiques, sans le

(1) Nous empruntons les détails qui vont suivre à un très intéressant travail de M. L. Decombe sur *Jean Thurel*, qui a paru récemment au tome xiv des *Mémoires de la Société Archéologique d'Ille-et-Vilaine.*

secours de hauts faits ou d'actions hors de pair qui forcent la renommée.

Jean Theurel, — et non Thuret et Thurel, comme l'ont appelé ses biographes (1), — naquit à Orain, en Bourgogne, le 8 septembre 1699. Engagé au régiment de Touraine le 17 décembre 1716, il servait encore en 1783. A cette date, admis aux vétérans, il reçut la récompense militaire de 200 livres, qui fut convertie en pension de 300 livres le 4 décembre 1787 ; en 1786 la seconde, en 1788 la troisième marque de vétérance lui furent accordées. Il avait alors 88 ans, et refusait de suivre en voiture le régiment allant par étapes d'Avesnes à Rennes.

Un témoignage du temps en fait foi : « *En 1787,* « *son régiment reçut l'ordre de se mettre en marche pour* « *s'embarquer ; il fit toute la route à pied, disant qu'il* « *n'avoit jamais monté sur les voitures et qu'il ne com-* « *menceroit pas* » (2).

De Rennes, Theurel accompagna le régiment de Touraine à Perpignan, puis à Bayeux et à Cherbourg. Il était dans cette dernière ville quand l'Assemblée

---

(1) Voir, pour la forme *Theurel*, l'acte de décès cité par M. Decombe, la mention du livret du salon de 1789, et la lettre autographe du vieux soldat dont nous donnons le texte plus bas.

(2) Note contemporaine aux Archives municipales de Tours.

nationale, le 30 janvier 1791, le comprenant dans l'état des « ci-devant pensionnaires », lui accorda une pension de 300 et un secours de 600 livres (1).

Retraité en 1792 (29 janvier), il se retira à Tours ; toujours alerte et bien portant, il semblait ne donner aucune prise à la vieillesse. Aux obsèques du général Meusnier (1ᵉʳ vendémiaire an x), sa place fut marquée comme celle du plus ancien soldat de l'Europe ; Napoléon, en créant l'ordre de la Légion d'honneur, le nomma chevalier avec 1,200 francs de pension. S'il faut en croire une tradition, dont nous avons trouvé plusieurs traces, le vieux légionnaire avait monté trois gardes sous Louis XIV ; fait unique dans les annales de l'Ordre et digne d'être remarqué.

Le 10 mars 1807, ses obsèques furent célébrées avec une pompe et une solennité que justifiaient et

---

(1) M. Decombe a fait une confusion pour la date des décrets de l'Assemblée nationale. Ils sont des 30 janvier et 1ᵉʳ février 1791, comme le prouve la mention suivante, tirée de la Collection générale des décrets rendus par l'Assemblée nationale, 1791.

Premier état des ci-devant pensionnaires de l'âge de soixante-dix ans et au-dessus, auxquels il est accordé des secours par le décret du premier février 1791.

Theurel (Jean), né le 8 septembre 1699, ancien soldat au régiment de Touraine, retiré en 1783 : 72 ans de service; grand nombre de campagnes.

Pension de 300 liv. net : secours de 600 liv. (Décret du 30 janvier 1791) ci 600

ses longs services et le respect dû à une vie toute d'honneur et de dévouement.

« *Il a terminé sa très longue carrière ayant jusqu'au*
« *moment de sa mort conservé sa tête saine, et jouis* (sic)
« *d'une très bonne santé; il n'a été malade que quelques jours.*

« *Pendant toute sa vie, consacrée au service de son*
« *pays, ce respectable vieillard a toujour* (sic) *été honoré*
« *de l'estime de ses chefs* » (1).

Jean Theurel servit successivement au régiment de Touraine, au régiment de Beauffremont (dragons), au régiment d'Anjou (cavalerie); puis, en 1750, il contracta un nouvel engagement au régiment de Touraine qu'il ne quitta plus.

Simple fusilier, il ne voulut jamais accepter d'avancement. Son courage, cependant, et ses états de service lui donnaient droit d'y prétendre.

Au siège de Kehl (1733) un coup de fusil dans la poitrine; sept coups de sabre, dont six à la tête, à la bataille de Minden (1759); ses trois frères tués à ses côtés à Fontenoy, et son fils pendant la campagne d'Amérique (1782), — voilà des faits qui montrent bien que la bravoure était héréditaire dans la famille de Theurel.

(1) Note contemporaine aux Archives municipales de Tours.

Un pareil soldat devait être un soldat modèle. Il n'encourut qu'une seule punition pendant qu'il était au corps. C'était à l'assaut de Berg-op-Zoom, en 1747; sorti de la ville, il s'aperçut, un soir, que les portes avaient été fermées. L'appel allait être rendu; plutôt que d'y manquer, Theurel escalade les remparts, se précipite au quartier, et arrive pour répondre à l'appel de son nom. Mais son escalade avait été remarquée par les sentinelles, et une légère punition lui apprit les dangers de son audace.

Nous avons signalé les frères et le fils de Jean Theurel morts sur les champs de bataille; un autre de ses enfants servait avec honneur en 1787, et sa fille n'avait encore que quatorze ans, tandis qu'il en avait quatre-vingt-huit. On conçoit l'intérêt que devait exciter le chef d'une pareille famille; la présentation du glorieux vétéran au roi et à la cour, en novembre 1787 (1), les bontés dont on le combla, attirèrent sur lui l'attention publique. M. Decombe a retracé les présentations, les fêtes qui lui furent données à Rennes; impromptus, couronnes de fleurs, réception par les vétérans du régiment, rien ne fut épargné pour honorer Theurel. Les dessinateurs et les peintres voulurent

(1) 8 novembre, 1787, d'après une note manuscrite des Archives municipales de Tours.

2

avoir leur tour, dit M. Decombe ; étudier ces
manifestations artistiques, par lesquelles se traduisit
l'enthousiasme universel excité par le vieillard, tel
est l'objet spécial de notre travail.

CATALOGUE

I. — Portrait — Musée de Tours (N° 174).

Hauteur : 1,30. — Largeur : 1,00.

Le Catalogue du Musée de Tours contient l'indication suivante :

« *Vestier (Antoine), reçu à l'Académie de peinture en*
« *1786.*
« *174. — Portrait du grenadier Thuret, mort à*
« *Tours, en 1807, à l'âge de 108 ans. Signé : Vestier.*
« *Salon de 1788. Don du petit-fils du peintre.* »

Il y a quelques erreurs dans cette mention ; le nom
du grenadier est inexactement donné, et le tableau
n'a pas figuré au salon de 1788, car il n'y en eut pas
cette année-là, mais à celui de 1789. Voici l'indication
du livret de 1789 :

« *105. — Portrait de Jean Theurel, doyen des vété-*
« *rans pensionnés du Roi au régiment de Touraine, né le*
« *8 septembre 1698, à Orain, en Bourgogne ; il a monté*
« *trois gardes audit régiment sous Louis XIV ; au siège*
« *de Kell, à la tranchée il reçut une balle qui lui traversa*
« *le corps ; à la bataille de Minden il eut dix-sept coups*
« *de sabre, dont sept sont marqués sur la tête. — 4 pieds*
« *6 pouces sur 3 pieds 6 pouces de large.* »

Elle contient quelques inexactitudes, comme le lecteur pourra s'en convaincre en la comparant aux faits rapportés dans le courant du présent travail.

Nous réunissons ici les jugements, quelquefois contradictoires, que les critiques portèrent sur le tableau de Vestier, exposé au salon du Louvre.

« *M. Vestier perdrait cette année dans l'estime publique,*
« *si le public pouvait perdre en deux ans le souvenir de*
« *ses beaux portraits exposés au dernier salon* » (1).

« *Les portraits de M. Vestier sont remarquables par*
« *l'étonnante vérité qu'on admire dans les étoffes, mais les*
« *têtes !... * » (2).

« *Les productions de M. Vestier n'ont fait qu'accroître*
« *l'estime que méritent ses talents* » (3).

« *Que de reproches n'aurais-je pas à me faire de passer*
« *sous silence le fameux Jean Theurel, qui a la gloire*
« *d'avoir servi soixante-douze ans sous les mêmes drapeaux,*
« *et qui eut l'honneur d'être passé en revue par Louis XIV :*
« *que de vertus ! Ton image, brave homme, ne peut qu'in-*
« *téresser, et tu rends ton peintre immortel..... M. Vestier*
« *répand toujours dans ses tableaux beaucoup de charme*
« *et de vérité* » (4).

Theurel est représenté de face, on le voit jusqu'à

(1) *Vérités agréables, ou Le Salon vu en beau par l'auteur du* Coup de patte, p. 23.

(2) *Année littéraire*, 1789, t. VI, p. 266.

(3) *Remarques sur les ouvrages exposés au salon*, par le C. D. M. M., 1789, in-8°.

(4) *Les Élèves au Salon, ou l'Amphigouri*, 1789, Paris, in-8°.

mi-corps ; d'une main il tient sa pipe, de l'autre son tricorne. Les marques de vétérance sont formées d'épées croisées, les pointes en bas. La peinture, largement traitée, est fine et expressive ; le ton général est clair et un peu gris. Nous en donnons une reproduction en tête de cette étude.

La croix d'honneur qui figure à côté des marques de vétérance a été ajoutée par le peintre, lors de la nomination de Theurel dans l'Ordre de la Légion d'honneur, par Napoléon Ier (26 octobre 1804).

Ce tableau est entré au Musée de Tours, en même temps que deux têtes d'étude de Vestier (n{os} 175 et 176 du *Catalogue*), en exécution d'un legs fait par M. Phidias Vestier, ancien architecte à Paris, décédé le 17 octobre 1874, à Paris, petit-fils du peintre. Me E. Morel d'Arleux, notaire, exécuteur testamentaire, à la date du 21 mai 1875, a envoyé aux Archives municipales trois pièces relatives à ce tableau ; les deux premières sont des notes biographiques ; la troisième est une lettre du vieux grenadier. En voici le texte :

De Perpignan, ce 5 février 1789.

Monsieur,

Celle cy est pour profiter dune occasion qui vient de m'arrivé, qui est le valet de chambre à M. le marquis de Dauvet qui est sur son depart pour aller à Paris ; et lui ayant parlé de mon habits que j'avoit laissé chez vous, monsieur, je vous prieroient de vouloir bien avoir la bonté de le remettre aux presant porteur pour qu'en revenant aux Régts que je puisse le lavoir (*sic*). Car il mest utile parraport quil est dordonnance ; vous obligerez celuy qui à lhonneur dêtre

vôtre très soumis et serviteur, et sans oublier bien des respects à
madame vôtre epouse ainsi qua medemoiselle vos fille, vous voudrez
bien mexcucée sy jay tand tardé avous donner de mes nouvelles ;
mais cest quayant perdu vôtre adresse c'est ce quil moccasionnoit
du retard a vous escrire ; cest ce qu'il me chagrinoit beaucoup.
Monsieur, je vous prie quand ranvoyant mon habit je voudroit bien
que vous me metiez quelque estaple ou tableaux dedans.

    Et je suis vôtre fidel amy   THEUREL

          veterand aux Régts de Touraine à Perpignan.

Suscription : Monsieur,

    Monsieur le peintre du roy au bout de la rue Bergère.

Cette lettre fixe indubitablement le nom du vieux
soldat. Elle nous le montre sur un pied de respectueuse
familiarité avec le peintre, lui réclamant l'uniforme
dont il s'était servi pour terminer son tableau et qu'il
se pressait peu de renvoyer.

II. — Portrait — Musée d'Archéologie de Rennes (Nº 1150).

        Hauteur : 0,61. — Largeur : 0,50.

Le tableau est signé : *Loyer f.* Theurel est vu de
face, dans un ovale, la tête légèrement tournée à
gauche, jusqu'à mi-corps, en uniforme, avec les trois
marques de vétérance, posées 2 et 1 ; les épées qui y
figurent sont reliées par des nœuds de rubans ; elles

ont la pointe en haut; le médaillon supérieur porte, en
outre, une couronne au-dessus des épées (1).

Au dos on lit, derrière le châssis :

« *Turette, vétérant du reg^t de Touraine, donné par le*

(1) Voir A. André, *Catalogue raisonné du Musée d'archéologie de
Rennes*, 2ᵉ éd., 1876, in-8°, p. 327.

Les médaillons de vétérance, dont il est ici question, n'étaient pas
toujours exactement pareils. Nous avons vu que dans le portrait de
Vestier ils comportaient des épées croisées, la pointe en bas,
tandis que dans celui de Loyer il n'en est pas de même. Il semble,
du reste, qu'aucune signification spéciale n'ait été attachée à ces
différences. Le Musée d'Artillerie, aux Invalides, en possède diffé-
rents spécimens avec les pointes en l'air ou en bas, ou surmontés
d'une couronne royale; celui d'Amiens en a un sur lequel un bonnet
phrygien, posé sur une pique placée entre les deux épées, remplace
a couronne. Les dimensions n'ont rien de fixe, non plus que la nature
des matières employées. Vermeil, cuivre estampé avec les lames
d'épées percées à jour, étoffes sur lesquelles on broda les épées et le
pourtour du médaillon, servirent indistinctement à la confection de
ces marques de vétérance; originairement destinées à être brodées
en laine rouge, elle ne tardèrent pas, pour des raisons d'économie
et de meilleur effet décoratif, à être remplacées par un médaillon
en cuivre à jour, doublé de drap rouge.

C'est une ordonnance royale du 21 mai 1771 qui donna, avec une
haute-paie progressive, cette marque de distinction aux soldats qui
continuaient à servir après vingt-quatre ans passés sous les drapeaux; ceux qui n'avaient que huit ou seize ans de présence au
corps eurent seulement le droit de porter un ou deux chevrons.
Après quarante-huit ans de services, ils pouvaient obtenir un double
médaillon accolé; on n'a qu'un exemple d'un soldat ayant porté la
triple marque, celui de Jean Theurel. Le comte d'Hezecques, dans
les *Mémoires d'un page de Louis XVI*, mentionne le fait après avoir
remarqué qu'à la Fédération de 1790 se trouvaient plusieurs vétérans
porteurs de la double décoration.

Les officiers de fortune, décorés du médaillon de vétérance avant
leur promotion au grade d'officier, ne pouvaient porter cette plaque
sur leur uniforme d'officier. Une ordonnance du 17 mars 1788 leur
permit de le faire tant qu'ils ne seraient pas faits chevaliers de
Saint-Louis. — V. Comte de Marsy : *Les Décorations françaises du
Musée d'Artillerie.*

« *cy-devant marquis de Piré au museum, le 18 fructidor,*
« *2ᵉ année républicaine (1794)* ».

L'auteur est peu connu. Il vint se fixer à Rennes
au commencement de 1787 ; il était probablement
originaire du sud de la France, d'après le titre de
« *Membre de l'Académie de Toulouse* » qu'il prenait.
Voici quelques extraits des *Affiches de Rennes* qui le
concernent (1) :

« *M. et Madame Loyer, peintres, arrivans de Paris,*
« *peignent le portrait et l'histoire, tant à l'huile qu'en*
« *miniature ; ils imitent supérieurement la ressemblance.* »
(Numéro du 10 janvier 1787.)

« .... *Ils sont logés au premier étage de l'hôtel de*
« *la Chasse, rue aux Foulons.* » (Numéro du 31 janvier
1787.)

« .... *Ils imitent supérieurement le portrait, ils*
« *donnent aussi des leçons de dessin et de peinture, soit chez*
« *eux, soit en ville.* » (Numéro du 21 février 1782.)

« *M. et Madame Lohyer* (sic), *de l'Académie de Tou-*
« *louse, et résidant en cette ville, maison de M. Le Dilais,*
« *marchand d'estampes, rue Royale, peignent le portrait*
« *en miniature, en grand, et l'histoire.* » (Numéro du
28 novembre 1787.)

Nous donnons ci-contre une reproduction du
portrait de Rennes. Il est, comme art, de beaucoup
inférieur à celui de Vestier, mais il est intéressant en
ce qu'il le complète. En comparant les deux œuvres,

(1) Nous devons les renseignements qui suivent aux obligeantes
communications de M. L. Decombe.

le lecteur pourra se convaincre de la parfaite ressemblance que les deux artistes ont su saisir en faisant poser leur modèle.

Loyer vivait encore en 1800, à Rennes. Le musée archéologique de cette ville possède de lui, à cette date, une *Vue de Rennes*, prise de la butte du Champ-de-Mars (n° 1151). Il exécuta de nombreux portraits pendant son séjour à Rennes, et quelques tableaux religieux.

III. — JEAN THURET.

Hauteur : 0,10. — Largeur : 0,053.

Gravure au pointillé, dans un ovale. Il est tourné de trois quarts à gauche, coiffé de son tricorne, en uniforme, avec les trois médaillons, dont les épées ont la pointe en haut. Il est vu jusqu'à la taille.

« *Dessiné d'après nature et gravé par J.-B. Pitou.* »

Malgré cette dernière indication, le type du portrait diffère beaucoup de celui des tableaux de Rennes et de Tours. Il est plus vieux et plus raide. Il est douteux que l'artiste ait fait poser le modèle comme il l'affirme. Au-dessous se lit la légende suivante, gravée en six lignes et demie :

« *Ce brave homme âgé de 88 ans, est né à Orain, en*
« *Bourgogne, en 1699. Il s'engagea en 1716 au Régiment*
« *de Touraine où il a servi depuis ce temps comme fusilier,*
« *l'espace de 72 ans, n'ayant jamais voulu d'avancement.*
« *Il a reçu un coup de fusil dans la poitrine au siège de*

« *Kell, et sept coups de sabre sur la tête, dont six*
« *marquent, à la bataille de Minden. Il a eu trois frères*
« *tués au service, et un fils tué, vétéran et caporal dans*
« *sa même Compagnie. Un autre sert encore au même régi-*
« *ment : il a aussi une fille âgée de 14 ans, et sa femme*
« *qui est au corps en a 63.* »

Enfin, au-dessous on lit :

« *A Paris, chez Pitou, rue de Seine, faubourg Saint-*
« *Germain, maison du Caffé Royal.*

D'après le texte de cette légende on doit dater cette
gravure de 1788.

IV. — Jean Thuret, agé de 80 ans, fusilier au régiment de Touraine depuis 1716.

Hauteur : 0,077. — Largeur : 0,077.

Portrait dans un ovale ; la légende précédente est
gravée dans cet ovale, mais l'ovale est inscrit dans un
carré.

Même type, même disposition que le précedent.
On voit un peu du buste et des bras. Il n'y a pas
d'autre légende que celle insérée dans l'ovale. Les
médaillons de vétérance portent des épées croisées
dont la pointe est dirigée en haut. Ce portrait a été
copié sur le précédent, dont il exagère les défauts. Il
était destiné a être inséré dans un volume, comme en
font preuve les indications suivantes : *Pag. 395.* —
9bre, — gravées à la marge supérieure de la planche.

Il doit être daté également de 1788.

V. — Jean Thurel, né a Orain en Bourgogne, en 1699.

Hauteur : 0,10. — Largeur : 0,059.

Portrait en ovale, eau forte, fond nuageux, dans un double cercle contenant la légende ci-dessus. En bas :

« Dessiné et gravé par Berteaux. »

Le grenadier est en uniforme, avec les trois médaillons, vu à mi-corps, de trois quarts à gauche. Il est tête nue, ses cheveux blancs sont longs et floconneux. Il paraît plus âgé que dans les autres portraits. Au-dessous est gravée la légende suivante :

« Ce brave homme a servi l'espace de 72 années comme
« fusilier dans le régiment de Touraine. Il a reçu un coup
« de fusil dans la poitrine au siège de Kell et sept coups de
« sabre à la bataille de Minden. Il a eu six Montmorency
« de suite pour colonels; depuis M. le n^{al} de Luxembourg
« dernier mort jusqu'à M. le duc de Laval qui est son
« inspecteur. »

La dernière partie de cette légende est empruntée presque textuellement à la lettre que le colonel Mirabeau envoya au *Journal de Paris,* à l'occasion de la présentation de Theurel au roi (1). Cette circonstance, jointe à la mention d'un service de 72 ans au régiment depuis 1716, nous engage à placer l'exécution de ce portrait vers 1788, quoique la tête, très peu fidèlement gravée, semble plus âgée que dans les tableaux de Tours et de Rennes.

(1) *Journal de Paris,* 17 décembre 1787.

VI. — J. THUREL, MORT A TOURS, LE 10 MARS 1807, A L'AGE DE 108 ANS.

Hauteur : 0,115. — Largeur : 0,086.

Ce portrait porte les mentions suivantes :

Damame del.   *Tassaert sculp.*

Theurel est vu de face, à mi-corps, en uniforme, avec les trois médaillons et la croix d'honneur. Les épées des marques de vétérance ont la pointe en bas et sont attachées par des rubans à leur point de croisement. Ses cheveux sont longs ; il a l'air relativement jeune, comme dans les tableaux de Rennes et de Tours, et est ressemblant. On aperçoit la poignée de son sabre.

Ce portrait, assez bon, fait partie d'un ouvrage, comme le prouve la mention : *Pag. 342*, qui l'accompagne. Il est certain, d'après l'ensemble du portrait et la manière dont les marques d'honneur ont été reproduites, que l'auteur a eu sous les yeux, en l'exécutant, le tableau de Vestier ; c'est le seul, sauf peut-être le n° V, qui donne la ressemblance du modèle.